Copyright © 2020 Theresa Marrama

Interior art and cover art by Nikola Kostovski

United States map from pixabay

Equatorial Guinea map ©Vectorstock

All rights reserved.

No part of this publication may be reproduced, stored in a retrieval system, or transmitted, in any form or by any means (electronic, mechanical, photocopying, recording or otherwise), without the prior written permission from Theresa Marrama.

ISBN: 978-1-7350278-2-1

Be yourself; everyone else is already taken!
— Oscar Wilde

ACKNOWLEDGMENTS

A big **MUCHAS GRACIAS** to the following people: Jennifer Degenhardt, Andrea Dima Giganti and Marcy Fuentes. Not only did all of you help edit my work but you helped to provide such amazing feedback.

A special thanks to Sharon Marrama whose book *The Boy with the Pink Socks* inspired me to write this book! Her book can be found on Amazon.

Esta es una historia de un chico. El chico se llama Naby.

Naby es un chico con mucha **seguridad en sí mismo**[1]. Él **sabe lo que él quiere**[2]. Él sabe lo que a él le gusta. A él le gusta la pizza, su familia y el fútbol.

Naby no es estadounidense. Él no es **de los Estados Unidos**[3].

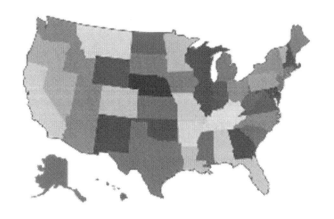

---

[1] **seguridad en sí mismo** - confidence in himself
[2] **sabe lo que él quiere** - knows what he wants
[3] **de los Estados Unidos** - from the United States

Él es de Guinea Ecuatorial. Guinea Ecuatorial está en África.

Pero, él no vive en África ahora. Ahora él vive en Nueva York con su familia. Vive en Bronxville, un barrio residencial de la ciudad de Nueva York.

Naby tiene una mamá. Ella se llama Amina. Ella es inteligente y simpática. Ella es creativa. Ella es **profesora de baile**[4].

---
[4] **profesora de baile** - dance teacher

Naby tiene un papá. Se llama Eduardo. Es alto, inteligente y simpático. Es diplomatico. Es serio. Tiene un trabajo muy importante. Él trabaja para las **Naciones Unidas**[5].

---
[5] **Naciones Unidas** - United Nations

—**M**amá, ¡mis calcetines son muy grandes! —grita Naby.

Naby está en su dormitorio. Él no quiere **llevar**[6] los calcetines. Sus calcetines de fútbol son muy grandes. Los calcetines no son **cómodos**[7].

---
[6] **llevar** - to wear
[7] **cómodos** - comfortable

—Naby, **lo siento**[8]. Las **tallas**[9] en los Estados Unidos son diferentes de las tallas en Guinea Ecuatorial. **No compré**[10] los calcetines en Guinea Ecuatorial. Compré los calcetines en Nueva York.

---
[8] **lo siento** - I am sorry
[9] **tallas** - sizes
[10] **No compré** - I didn't buy

—Oh, **mamá** los calcetines son muy terribles!

—¡Vamos! Nosotros vamos a llegar **tarde**[11] para tu primer partido de fútbol —grita su mamá.

—Sí, mamá, pero ¡mis calcetines son muy grandes! ¡Mis calcetines no son cómodos! ¡No me gustan estos calcetines! —responde Naby.

---

[11] **tarde** - late

Naby camina al carro con su mamá.

—Mamá, ¿por qué vamos al partido de fútbol en carro? Normalmente, caminamos al partido —pregunta Naby.

Naby prefiere caminar a los partidos. **Caminaba**[12] a todos partes en Guinea Ecuatorial. Camina normalmente a los partidos porque vive cerca del **campo de fútbol**[13]. Los otros chicos van a los partidos en carro, pero Naby prefiere caminar.

—Sí, hoy vamos al partido en carro, porque vamos a ir a la tienda de deportes después de tu partido de fútbol. Vamos a comprar nuevos calcetines —explica su mamá.

---

[12] **caminaba** - walked, used to walk
[13] **campo de fútbol** - soccer field

—¡Excelente! Mamá, ¿vamos a comer también? —pregunta Naby.

—¡**Claro**[14]! ¿Quieres comer sándwiches o pizza? —pregunta su mamá.

En realidad, Naby quiere comer **succotash**[15], un plato popular de Guinea Ecuatorial que su mamá prepara. El succotash es su favorito. El succotash es un plato muy popular en Guinea Ecuatorial.

—Quiero comer pizza —dice Naby.

---

[14] **claro** - of course
[15] **succotash** - a dish of lima beans and other vegetables sautéed together with butter and fresh herbs. The cuisine of Equatorial Guinea is one that is influenced by both the Spanish and the native tribespeople. This dish is made without meat in Guinea.

La mamá de Naby lo mira en el carro. Los calcetines de Naby realmente son muy grandes.

En el campo de fútbol, Naby **se ve**[16] como todos los chicos. Lleva calcetines blancos y negros, una camiseta blanca y pantalones cortos negros.

—¡Naby, ve al campo de fútbol con tu **equipo**[17]! —grita su **entrenador**[18].

---

[16] **se ve** - looks
[17] **equipo** - team
[18] **entrenador** - coach

—Sí, entrenador. Ya voy, ¡pero mis calcetines son **demasiado**[19] grandes! —explica Naby.

Naby va al campo de fútbol. **Corre**[20] con los otros chicos. Naby corre tras el balón de fútbol. Mira sus calcetines. En ese momento, Naby **se cae**[21]. Se cae por sus calcetines.

—Naby, ¡mira la pelota, no tus calcetines! —grita su entrenador.

Naby no está contento. No le gustan sus calcetines. Son demasiado grandes. No son cómodos.

---

[19] **demasiado** - too
[20] **corre** - runs
[21] **se cae** - falls

Después del partido, Naby regresa al carro con su mamá.

—Mamá, ¡**tengo hambre**[22]! ¿**Podemos**[23] comer?

—¡Sí! Yo también tengo mucha hambre después del partido. Después de comer, vamos a la tienda de deportes. Vamos a comprar nuevos calcetines —explica su mamá.

—¡Excelente! ¿Qué tipo de pizza vamos a comer hoy, mamá?
— pregunta Naby.

---

[22] **tengo hambre** - I am hungry
[23] **podemos** - we can

—¿Qué tipo quieres? —pregunta su mamá

—¡Yo sé exactamente lo que quiero mamá! ¡Quiero pizza con **anchoas**[24] y **aceitunas**[25]!

A su mamá le gusta la pizza de queso. A su papa le gusta la pizza de pepperoni. ¡Pero a Naby, no!

---

[24] **anchoas** - anchovies
[25] **aceitunas** - olives

Naby entra en la pizzería con su mamá. Naby come pizza con ella y habla de su partido de fútbol. También habla de sus calcetines, que son demasiado grandes. Habla de cuando **se cayó**[26] por los calcetines.

---

[26] **se cayó** - he fell

Después, van a la tienda de deportes. Naby entra a la tienda de deportes con su mamá.

Hay muchos calcetines en la tienda. Hay calcetines de todos los colores.

Hay calcetines rojos.

Hay calcetines azules.

Hay calcetines **a lunares**[27].

Hay calcetines multicolores también.

¡Pero a Naby le gusta un par de calcetines en particular! A él le gustan los calcetines rosados.

---

[27] **a lunares** - polka-dotted

—Mamá, ¡me gustan los calcetines rosados! ¡Los calcetines rosados son sensacionales! ¿Te gustan los calcetines rosados? Los calcetines rosados dan mucha energía.

Su mamá no lo escucha. Ella mira los otros pares de calcetines. Ella mira los calcetines blancos y negros. Son los calcetines que tienen los otros chicos en el equipo de Naby.

—Bueno Naby, vamos a comprar estos calcetines blancos y negros. Puedes llevar los mismos calcetines que los otros chicos en tu equipo — dice su mamá.

—Pero mamá... Me gustan los calcetines rosados —dice Naby.

—Naby, ¡vamos! Los calcetines rosados son diferentes de los otros chicos de tu equipo —responde su mamá.

Su mamá compra los calcetines blancos y negros. Compra los mismos calcetines que tienen los otros chicos de su equipo.

Naby regresa al carro con su mamá. Su mamá lo mira. Ella ve que Naby no está contento.

—Naby, ¿cuál es el problema?
— pregunta su mamá.

—¡Me gustan los calcetines rosados! No quiero llevar los calcetines blancos y negros. ¡Quiero llevar los calcetines diferentes! ¡Yo sé lo que quiero y lo que me gusta: los calcetines rosados. Todo mi equipo lleva los calcetines blancos y negros. Los calcetines rosados dan mucha energía —explica Naby.

—Claro, Naby, ahora comprendo. Tú sabes lo que quieres. Podemos comprar los calcetines rosados —dice la mamá.

—Excelente, mamá, ¡gracias! ¡Tú eres la **mejor**[28]!

---

[28] **mejor** - best

Naby está contento.

Naby y su mamá van a la tienda de deportes **otra vez**[29].

Naby ve los calcetines rosados.

---

[29] **otra vez** - again

—Mamá, ¡mira los calcetines rosados!

—Sí, los veo. Pero, Naby, los calcetines son muy diferentes. Los otros chicos de tu equipo llevan los calcetines blancos y negros —dice su madre

—Sí, mamá. ¡Pero me gustan los calcetines rosados! ¡Si uso los calcetines rosados puedo tener mucha energía!

—Bien. Naby. Si estás contento con los calcetines rosados, yo también estoy contenta —dice su madre.

Más tarde[30], Naby está en su dormitorio con sus padres. Dice:

---

[30] **más tarde** - later

—¡Estoy **ansioso**[31] por mi partido de fútbol mañana! ¡Estoy ansioso por llevar mis calcetines rosados!

—Sí, **por supuesto**[32], Naby. Tu mamá está ansiosa y yo estoy ansioso también —dice su papá.

En realidad, su papá está ansioso por ver su partido. No está ansioso por que Naby lleva sus calcetines rosados. No comprende por qué Naby quiere llevar calcetines rosados. Los otros chicos de su equipo no llevan calcetines rosados.

—Buenas noches, Naby —dice su papá.

---

[31] **ansioso** - excited
[32] **por supuesto** - of course

—Buenas noches, papá y mamá.

Al **día siguiente**[33], Naby está en su dormitorio. Él se prepara para su partido de fútbol. Está nervioso. Lleva sus calcetines rosados.

—Mamá, papá, ¡voy en un minuto!

---
[33] **día siguiente** - next day

Naby **corre por las escaleras**[34]. Lleva sus calcetines rosados nuevos. Tiene su viejo balón de fútbol

—Mamá, no estoy tarde hoy. ¡Pienso que es a causa de mis calcetines rosados!

Naby está ansioso. Camina con su papá y su mamá en el campo de fútbol. Realmente quiere **correr**[35]. Quiere correr porque sus calcetines rosados le dan mucha energía.

---

[34] **corre por las escaleras** - runs down the stairs
[35] **correr** - to run

Hay muchos padres en el partido de fútbol. Otro padre le dice al papá de Naby:

—Mi **hijo**[36] juega en el mismo equipo que su hijo. ¿Cuál es su hijo?

---
[36] **hijo** - son

—Mi hijo lleva los calcetines rosados —dice el papá de Naby, un poco **avergonzado**[37].

—Ah, sí, yo veo a su hijo. ¡Me gustan sus calcetines rosados! Mi hijo lleva los calcetines blancos y negros. **Todos se ven iguales**[38], es difícil ver a mi hijo —dice el otro padre.

Pero a el papá de Naby no le gustan los calcetines rosados. Mira el partido de fútbol. Mira a su hijo. No le gustan los calcetines de Naby pero... ¡No es difícil ver a su hijo por sus calcetines rosados!

Naby corre rápidamente durante el

---

[37] **avergonzado** - embarrassed
[38] **todos se ven iguales** - everyone looks the same

partido. Sus calcetines rosados le dan mucha energía. Su equipo gana el partido.

Después del partido de fútbol, el entrenador de Naby le dice:

—¡Buen partido Naby! ¡Pienso que tus nuevos calcetines rosados **te dan buena suerte**[39]!

—¡Muchas gracias! —responde Naby

---

[39] **te dan buena suerte** - bring you luck

Naby camina con su mamá y su papá.

—A mi entrenador le gustan mis calcetines rosados! ¡**Me dijo que**[40] piensa que los calcetines me dan buena suerte!

—Sí, corres rápido con tus calcetines rosados! ¡Tienes mucha energía! — dice su madre.

—¡Sí, es excelente, Naby! Puedo verte muy bien en el campo de fútbol con tus calcetines rosados —dice su padre.

---

[40] **Me dijo que**- he told me that

Al día siguiente, Naby está en su dormitorio. Tiene **su vieja pelota de fútbol**[41] de Guinea Ecuatorial.

---
[41] **Su vieja pelota de fútbol** - his old soccer ball

A Naby le gusta jugar con esa pelota de fútbol. La pelota de fútbol es su favorita. Tiene mucha seguridad en sí mismo cuando juega con esa pelota de fútbol.

—Naby, ¡Vamos! —grita su mamá.

—¡Ya voy, mamá! —responde Naby.

Como siempre[42], Naby camina al campo de fútbol con su mamá y su papá. Su papá lo mira y dice:

—¡Me gustan tus calcetines rosados, Naby! ¡Es un buen día para un partido de fútbol!

---

[42] **como siempre** - as always

—Gracias, papá. Si llevo mis calcetines rosados, juego muy bien y tengo mucha energía!

—Sí, ¡**también podemos verte bien**[43] en el campo de fútbol! —dice su padre.

---
[43] **también podemos verte bien** - we can also see you well

En el campo de fútbol todos los chicos se preparan para el partido de fútbol.

—¡Mira, Naby! ¡Mira a todo tu equipo! ¡Tu seguridad en tí mismo es contagiosa!

—Sí, papá. ¡Es increible !

Todo el mundo[44] en tu equipo de fútbol también lleva los calcetines de sus colores favoritos! —dice su papá.

Naby mira a todo el mundo. Mira a los chicos de su equipo. Mira los calcetines de colores diferentes. Él está contento. Está contento

---
[44] **todo el mundo** - everyone

porque[45] todo su equipo es único también!

Naby está muy contento después del partido. ¡Su equipo **ganó**[46]!

—Naby, ¡buen partido hoy! Tu seguridad en ti mismo es contagiosa. Tu energía ayuda mucho a tu equipo! —dice su entrenador.

Naby mira sus calcetines rosados. Está muy contento.

—Gracias, entrenador. ¡Los calcetines me dan buena suerte! ¡El equipo ganó hoy!

---

[45] **porque** - because
[46] **ganó** - won

Después del partido, Naby camina con su mamá y su papá. Su papá dice:

—¡Naby, buen partido! ¡Me gustan tus calcetines rosados, es fácil verte cuando juegas al fútbol!

La mamá de Naby mira al papá de Naby y dice:

—Sí, sus calcetines no son como los de los otros chicos de su equipo. ¡Y su confianza es contagiosa! Naby tiene seguridad en sí mismo y sabe lo que le gusta a él y sabe quién es él: ¡Naby es Naby! —dice su madre.

Naby mira a sus padres y dice:

—¡Vamos a la tienda de deportes para comprar una pelota de fútbol rosada!

Glosario

A

a - has
África - Africa
ahora - now
al - to the
alto - tall
ansiosa - excited
azules - blue

B

bien - well
blanca - white
blancos - white
buen - good
buena - good
bueno - good

C

calcetines - socks
camina - he walks
caminamos - we walk
caminar - to walk
camiseta - shirt
carro - car
causa de - because of
chico(s) - boy(s)
colores - colors
come - he eats
comer - to eat
como - like
compra - she buys
comprar - to buy
compré - bought
cómodos - comfortable
comprende - she understands
comprendo - I understand
con - with
confiado - confident
contagiosa - contagious
contento - happy

cuando - when
cuál - which, what

D

dan - they give
de - of
del - from the
demasiado - too
deportes - sports
después - difficult
dice - s/he says
diferentes - different
difícil - difficult
dijó - he said
dormitorio - bedroom
día - day

E

el - the
él - he
ella - she
en - in, by

entra - he enters
equipo - team
eres - you are
es - is
esa - excellent
escucha - she hears
estos - these
estoy - I am
está - s/he is, it is
exactamente - exactly
excelente - excellent
explica - s/he explains

F

familia - family
favorita - favorite
favorito(s) - favorite
fútbol - soccer

G

gracias - thanks
grandes - big

grita - she yells
(le) gusta - he likes
(le) gustan - he likes
(me) gustan - I like

H

hambre - hunger
hay - there is, there are
hijo - son
historia - story

I

iguales - same
importante - important
inteligente - smart
ir - to go

J

juega - he plays
juegas - you play

jugar - to play

L

la - the
las - the
le - the, him
les - the
(se) llama - is called
llegar - to arrive
lleva - he wears
llevar - to wear
llevo - I wear
lo - him
lo que - what
los - the
lunares - polka-dotted

M

mamá - mom
mañana - tomorrow
me - me
mi - my

minuto - minute
mira - s/he looks
mis - my
mismo(s) - same
mucha(s) - a lot
mucho(s) - a lot
multicolores - multicolored
muy - very
más - more

N

negro - black
nervioso - nervous
no - no
normalemente - normally
nosotros - we
Nueva York - New York
nuevos - new

O

otro(s) - other, another

P

padre - father
padres - parents
pantalones cortos - shorts
papá - dad
par - pair
para - for
pares - pairs
particular - particular
partido(s) - game(s)
pelota - ball
pero - but
personas - people
piensa - he thinks
pienso - I think
pizza - pizza
pizzeria - pizza shop
plato - dish
podemos - we can
popular - popular
por - for
por qué - why
porque - because

prefiere - he prefers
pregunta - s/he asks
prepara - she prepares
(se) prepara - he prepares himself
primer - first
problema - problem
puedes - you can

Q

que - that
queso - cheese
quiere - he wants
quieres - you want
quiero - I want
qué - what

R

realidad - reality
realmente - really
regresa - he returns
responde - s/he responds
rojos - red

rosada - pink
rosados - pink

S

sabe - he knows
se - himself
seguridad - confidence
sensacionales - great
si - if
siguiente - next
simpática - nice
simpático - nice
son - they are
su - his
suerte - luck
sus - his
sándwiches - sandwiches
sé - I know
sí (mismo) - himself
sí - yes

T

tallas - sizes
también - also
tarde - late
te - you
tengo - I have
ti (mismo) - yourself
tiempo - time
tienda - store
tiene - s/he has
tienen - they have
tienes - you have
tipo - type
todo(s) - all
trabaja - he works
trabajo - job
tu - your
tus - your
tí (mismo) - yourself
tú - you

U

un(a) - a. an
único - unique

V

vamos - let's go
van - they go
ve - go
ve - he sees
veo - I see
ver - to see
verme - to see me
vieja - old
vive - he lives
voy - I am going

Y

y - and
ya - already
yo - I

ABOUT THE AUTHOR

Theresa Marrama is a French teacher in Northern New York. She has been teaching French to middle and high school students since 2007. She is the author of many language learner novels and has also translated a variety of Spanish comprehensible readers into French. She enjoys teaching with Comprehensible Input and writing comprehensible stories for language learners.

Theresa Marrama's books include:
Une Obsession dangereuse, which can be purchased at www.fluencymatters.com

Her German books on Amazon include:
Leona und Anna
Geräusche im Wald
Der Brief
Nachts im Wald
Die Stutzen Von Tito

Her French books on Amazon include:

Une disparition mystérieuse
L'île au trésor:
Première partie: La malédiction de l'île Oak
L'île au trésor:
Deuxième partie: La découverte d'un secret
La lettre
Léo et Anton
La maison du 13 rue Verdon
Mystère au Louvre
Perdue dans les catacombes
Les chaussettes de Tito

Her Spanish books on Amazon include:

La ofrenda de Sofía
Una desaparición misteriosa
Luis y Antonio
La carta
La casa en la calle Verdón
La isla del tesoro: Primera parte: La maldición de la isla Oak
La isla del tesoro: Segunda parte: El descubrimiento de un secreto

Check out Theresa's website for more resources and materials to accompany her books:

www.compelllinglanguagecorner.com

Made in the USA
Middletown, DE
31 October 2023

41707920R00040